코딩 펭귄의 남극 대탐험

박정호 · 정효숙 · 조윤주 · 김선주 글
조수진 그림

코딩 펭귄의 남극 대탐험

초판 인쇄 2019년 11월 5일
초판 발행 2019년 11월 12일

지은이 | 박정호, 정효숙, 조윤주, 김선주
펴낸이 | 김승기
펴낸곳 | (주)생능출판사
주소 | 경기도 파주시 광인사길 143
출판사 등록일 | 2005년 1월 21일
신고번호 | 제406-2005-000002호
대표전화 | (031)955-0761
팩스 | (031)955-0768
홈페이지 | http://www.booksr.co.kr

책임편집 | 유제훈
편집 | 신성민, 김민보, 권소정
디자인 | 유준범(표지디자인) / 디자인86(본문디자인)
마케팅 | 최복락, 심수경, 차종필, 백수정, 최태웅, 김범용
인쇄 | 성광인쇄(주)
제본 | 은정문화사

ISBN 978-89-7050-983-9 73000
값 10,000원

- 이 책의 국립중앙도서관 출판예정도서목록(CIP)은 서지정보유통지원시스템 홈페이지(http://seoji.nl.go.kr)와 국가자료공동목록시스템(http://www.nl.go.kr/kolisnet)에서 이용하실 수 있습니다.(CIP제어번호: CIP2019028100)
- 이 책의 저작권은 (주)생능출판사와 지은이에게 있습니다. 무단 복제 및 전재를 금합니다.
- 잘못된 책은 구입한 서점에서 교환해 드립니다.

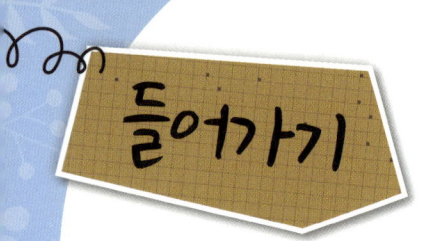

　　　　　　　　컴퓨터로 문제를 해결하는 과정에서 꼭 필요한 것이 컴퓨팅 사고력이에요. 이 책은 컴퓨팅 사고력을 쉽게 이해할 수 있도록 12편의 이야기와 워크북으로 구성된 펭귄 코페의 모험 동화예요.

　여러분은 모험을 좋아하나요?
　이 책의 주인공 코페와 단짝 퐁퐁이는 호기심이 많아 모험을 즐기는 용감한 친구들이에요. 코페와 퐁퐁이는 지도 조각 퍼즐을 얻어 지도를 완성해야만 황금 어장을 찾을 수 있다는 말에 여행을 떠납니다. 코페와 퐁퐁이가 여행에서 만나는 친구들은 저마다 해결해야 하는 문제가 하나씩 있어요. 코페와 퐁퐁이는 문제에 부딪힐 때마다 끊임없이 머리를 맞대어 함께 문제를 풀어 갑니다. 여러분은 코페와 퐁퐁이가 문제를 해결해 가는 모험의 과정을 살펴보면 컴퓨팅 사고력에 대한 개념들을 자연스럽게 이해하게 될 거예요.
　예를 들어, 방을 청소하는 순서를 결정하는 순차, 쇠창살 문을 열기 위한 패턴, 눈덩어리를 옮기기 위한 분해, 썰매를 만드는 과정에서의 반복, 바다표범의 위험성을 알리는 표지판을 완성하기 위한 추상화, 얼음 위를 안전하게 지나가는 데 필요한 조건, 싸움의 기술에 이름을 붙이는 함수, 바다표범과의 결투에서의 알고리즘, 창고에서 물고기를 정리하는 변수, 크릴새우 무리의 이름을 짓는 배열, 0과 1의 나라에서의 이진법 등 컴퓨팅 사고력을 이루는 기본 개념들을 만나게 됩니다. 여러분이 코페와 함께 모험하면서 문제를 해결하는 과정을 따라간다면,

어려워만 보이는 컴퓨팅 사고력을 쉽게 이해하고, 또 활용할 수 있답니다.

그렇다면 컴퓨팅 사고력이란 무엇일까요?

컴퓨팅 사고력이란 컴퓨터가 문제를 해결하는 방식처럼 복잡한 문제를 단순화하고 이를 논리적·효율적으로 해결하는 능력을 말해요. 컴퓨팅 사고력을 기르면 우리가 실생활에서 겪는 여러 문제를 컴퓨터가 일을 처리하는 것처럼 논리적으로 해결할 수 있어요. 빠르게 변하고 복잡해지는 미래 사회에서 컴퓨팅 사고는 모든 사람이 갖추어야 할 능력으로 꼽히고 있어요. 또한 컴퓨팅 사고력을 키우면 창의력, 문제 해결력, 사고력 등도 함께 키울 수 있기 때문에 일상생활의 여러 문제를 효율적으로 해결할 수 있답니다.

이 모험 여행의 결말은 어떻게 될까요? 책장을 열고, 컴퓨팅 모험 여행을 이제부터 시작해 보세요. 모험심 강한 코페를 만날 수 있을 거예요!

저자 드림

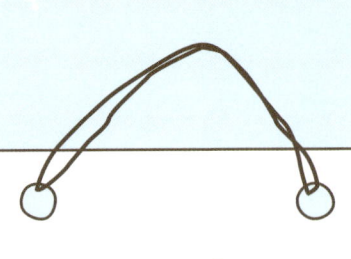

목 차

의문의 지도 조각 ··· 11
차근차근 순서대로 ··· 16
  코페와 함께하는 소프트웨어 놀이(순차) ············· 20

두 번째 퍼즐 조각 ··· 22
  코페와 함께하는 소프트웨어 놀이(패턴) ············· 29

눈덩어리 숨기기 ··· 30
  코페와 함께하는 소프트웨어 놀이(분해) ············· 36

썰매가 필요해 ·· 38
  코페와 함께하는 소프트웨어 놀이(반복) ············· 42

바다표범은 어떻게 생겼는가? ··························· 44
  코페와 함께하는 소프트웨어 놀이(추상화) ········· 51

얼음 위를 지나가려면 ··· 53
  코페와 함께하는 소프트웨어 놀이(조건) ············· 56

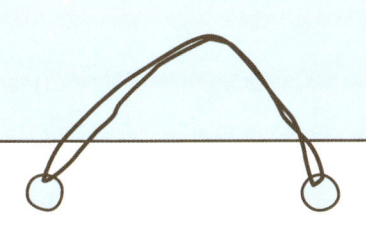

싸움의 기술 ·················· 58
코페와 함께하는 소프트웨어 놀이(함수) ········· 62

결전의 날 ·················· 64
코페와 함께하는 소프트웨어 놀이(알고리즘) ······· 68

엄마의 상자 ················· 70
코페와 함께하는 소프트웨어 놀이(변수) ········· 73

너의 이름은 ················· 75
코페와 함께하는 소프트웨어 놀이(배열) ········· 78

0과 1의 나라 ················ 80
코페와 함께하는 소프트웨어 놀이(이진수) ········ 86

열려라, 황금 어장 ·············· 88

〈모범답안〉
코페와 함께하는 소프트웨어 놀이 ··········· 91

코페와 퐁퐁이, 그리고 모험 여행에서 만나는 이들

 주인공 **코페**이다. 남극 펭귄 마을에 사는 황제펭귄으로 모험심이 강하다.

 코페의 단짝 **퐁퐁이**다. 크릴새우로 코페가 어려움에 처할 때마다 도움을 준다.

 **코페의 아빠**이다. 아직 어린 코페를 늘 믿어준다.

 **코페의 엄마**이다. 아직 어린 코페가 늘 걱정스럽다.

 덩치가 크고 험악한 **바다코끼리**이다. 물고기를 미끼로 펭귄들을 꾀어낸다.

 바다코끼리의 동생인 **바다표범**이다. 코페 일행을 위협하다가 결국 다리 위에서 코페와 대결하게 된다.

 눈토끼 **토리**이다. 겨울나기를 위해 이글루를 짓고 있다.

 소포와 편지를 배달하는 **집배원 눈토끼**이다. 아이들을 눈썰매에 태워 토리의 집에 데려다준다.

 싸움의 기술을 알고 있는 **사부님**이다. 코페와 퐁퐁이에게 기술을 알려 준다.

 **0과 1의 나라의 여왕**이다. 그 나라에서는 모든 숫자를 0과 1로만 말해야 하고 어기면 큰 벌을 받아야 한다.

의문의 지도 조각

아침에 일어나자마자 코페는 창밖을 내다보았습니다. 눈보라가 그치고 맑은 하늘에 해님이 밝게 웃고 있었습니다.

"엄마, 아빠! 오늘은 낚시하러 갈 수 있겠어요."

오랜만에 낚시할 생각에 코페는 신이 났습니다. 엄마와 아빠도 코페를 보며 환하게 미소를 지었습니다. 아침을 먹자마자 코페는 엄마, 아빠와 함께 얼음 낚시터에 자리를 잡고 앉았습니다. 코페의 단짝인 크릴새우 퐁퐁이도 코페의 어깨에 앉았습니다. 하지만 어젯밤 심한 눈보라에 물고기들이 바다 깊숙이 숨었는지 잘 잡히지 않았습니다. 코페는 점점 화가 났습니다.

"에잇! 아빠, 그냥 가요."

"조금만 더 기다려 보자."

코페는 다른 얼음 구멍을 찾아갔습니다. 그때 퐁퐁이가 외쳤습니다.

"어, 저기 반짝이는 게 뭐지?"

"뭔데?"

코페가 다가가 보니 얼음 구멍 위에 유리병이 둥둥 떠 있었습니다.

"이게 뭐지?"

유리병 속에 무엇인가 들어 있었습니다.

"뚜껑을 열어 봐!"

풍풍이가 다가와 재촉하였습니다. 코페는 뚜껑을 열고 안에 들어 있는 것을 꺼냈습니다.

"이건 조각 퍼즐인데. 꽤 오래된 것 같아."

"낡은 종이도 있어. 이건 뭘까?"

코페와 풍풍이는 이리저리 살펴보았지만, 무엇인지 알 수 없었습니다.

"아빠께 여쭈어보자."

코페는 낚시를 하고 있는 아빠에게 다가가 낡은 종이와 조각 퍼즐을 보여 주었습니다.

"아빠, 이게 뭔지 아세요?"

아빠는 지도와 조각 퍼즐을 살펴보더니 깜짝 놀라 소리쳤습니다.

"아니, 이건 전설로 전해 오던 황금 어장 지도야! 여기를 보렴."

아빠가 낡은 종이 뒷면에 써 있는 글자를 가리켰습니다.

'사라진 퍼즐 조각을 찾아 지도를 완성하면
황금 어장이 열릴 것이다.'

"황금 어장? 아빠, 물고기가 가득 차 있다는 황금 어장을 말하는 거예요?"

"그래. 물고기를 아무리 많이 꺼내도 항상 가득 차 있다는 마법의 어장이야."

엄마도 지도를 살펴보며 말했습니다.

"하지만, 언제인가 문이 닫혀 아무도 열 수 없게 되었다고 한단다. 어디 있는지도 모르고."

"우와! 그럼, 이건 보물 지도네요. 지금 당장 사라진 퍼즐을 찾으러 떠나요!"

코페는 신나서 외쳤습니다.

"코페야, 아빠와 엄마는 떠날 수 없어. 아빠는 앞으로 태어날 네 동생 알을 품고 있어야 해. 엄마는 그동안 먹을 먹이를 잡으러 떠나야 하고."

"그럼, 저 혼자 떠날래요."

코페는 고집을 부렸습니다.

"혼자 가는 것은 너무 위험해."

엄마가 단호하게 말하였습니다.

"내일이면 태어난 지 1년이 돼요. 퐁퐁이와 함께라면 문제없어요."

코페가 씩씩하게 말하였습니다. 퐁퐁이도 고개를 끄덕였습니다. 엄마와 아빠는 난감하여 서로 쳐다보았습니다. 집으로 돌아온 후, 저녁식사를 마치고 아빠가 엄마에게 말했습니다.

"여보, 우리는 알을 부화시키기 위해 집을 떠날 수 없어요. 그동안 코페가 혼자 여행을 떠날 수 있도록 하면 어떨까요?"

한참 고민하던 엄마는 코페를 불렀습니다.

"코페야, 네가 스스로 일을 해결할 수 있는 모습을 보여 준다면 허락하도록 할게."

"그게 뭔데요?"

"그건 내일 아침에 알려 주마."

코페는 엄마의 말을 듣고 침대에 누웠습니다. 하지만 엄마가 어떤 일을 시킬지 궁금하여 잠을 이룰 수 없었습니다.

차근차근 순서대로

밤새워 뒤척이다 깜박 잠이 든 코페는 엄마와 아빠가 부르는 소리에 잠에서 깨었습니다.

"코페야, 미션을 수행할 준비는 되었니?"

"네, 미션이 뭔가요?"

"오랫동안 여행을 떠나게 될 테니, 네 방을 깨끗이 청소하는 게 미션이란다."

"에이, 겨우 청소예요?"

"지난번처럼 엉터리로 하면 절대 안 돼."

"네, 걱정하지 마세요."

코페는 큰소리로 대답하였습니다. 코페는 자기 방으로 쏜살같이 달려갔습니다. 방을 쓸고 나서 걸레로 구석구석 깨끗이 닦았습니다. 그때 엄마의 말이 들려왔습니다.

"코페야, 먼지도 털었니?"

"아차. 지금 하고 있어요."

코페는 먼지떨이를 가져다 먼지를 털기 시작하였습니다. 엄마의 말이 다시 들려왔습니다.

"코페야, 창문을 열고 환기시키는 것도 잊지 않았지?"

"아, 네."

코페는 급히 창문을 열었습니다.

"휴, 다 끝났다."

코페는 땀을 닦으며 엄마를 불렀습니다.

"엄마, 청소 다 끝났어요. 이제 나가도 되죠?"

코페의 방에 들어온 엄마는 먼지가 뿌옇게 앉은 방을 보고 깜짝 놀랐어요.

"아니, 이제 뭐니? 방 안에 먼지가 가득하잖아. 청소한 게 맞니?"

"어, 이상하다. 엄마가 말씀하신 것을 빼놓지 않고 모두 다 했어요."

"어떻게 했는데?"

"먼저 방을 쓸고 닦고, 먼지를 털고, 창문을 열었어요."

"뭐? 창문을 마지막에 열었다고?"

"네."

"아이고, 창문을 가장 먼저 열어야지. 그래야 방 안의 먼지가 나갈 수 있잖아."

"아, 그렇구나."

코페는 머리를 긁적였습니다.

"창문을 연 다음에는 먼지를 털어야 해. 방을 쓸고 닦은 후에 먼지를 털면 그 먼지가 다시 방에 내려앉아 버리거든."

"그럼, 어떻게 하죠?"

"힘들겠지만, 순서에 맞게 청소를 다시 해야겠구나."

코페는 다시 힘을 내어 청소를 시작하였습니다. 우선 창문을 활짝 열고 먼지를 털었습니다. 그리고 방을 깨끗이 쓸고 닦았습니다.

"아, 이제 깨끗하다. 엄마, 청소 끝났어요."

코페의 방을 둘러본 엄마는 미소를 지었습니다.

"그래, 잘했구나. 이제 순서대로 일을 해결할 수 있으니 여행을 떠나도 좋다."

"야호!"

코페와 퐁퐁이는 폴짝폴짝 뛰며 기뻐하였습니다.

다음 날 아침 일찍 일어나 배낭에 빠진 물건이 없는지 하나씩 살펴보았습니다. 마지막으로 지도와 퍼즐을 배낭에 넣었습니다.

"엄마, 아빠! 다녀오겠습니다."

"코페야, 잠깐!"

엄마가 서랍에서 무엇인가를 꺼내었습니다.

"이 시계를 가지고 가렴. 네가 위험한 순간에 도움이 될 거야."

"네, 고맙습니다."

코페는 엄마가 준 신비해 보이는 시계를 손목에 찼습니다.

"코페야, 조심히 잘 다녀오너라."

엄마와 아빠가 코페를 꼭 안아 주었습니다. 코페는 엄마, 아빠에게 손을 흔들며 길을 나섰습니다. 퐁퐁이도 코페의 어깨에 앉아 같이 손을 흔들었습니다.

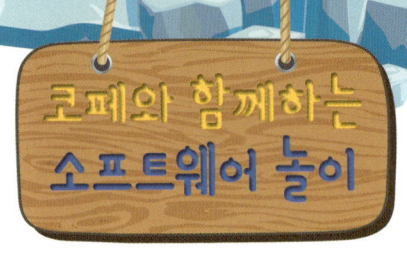

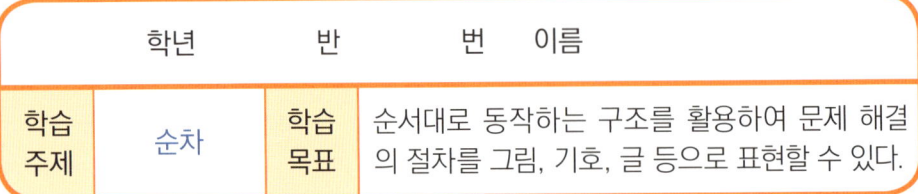

1. 코페가 청소를 할 때 해야 할 일을 적은 카드입니다. 알맞은 순서대로 카드의 기호를 써 봅시다.

(⇒ ⇒ ⇒ ⇒)

2. 아침에 등교하여 교실에 도착했을 때 하는 일을 순서대로 써 봅시다(단, 하나의 카드에 한 가지 일만 쓰기).

3 나의 아침 활동 순서를 친구들과 비교해 봅시다. 순서를 바꾸거나 추가하고 싶은 활동이 있다면 무엇인가요? 그 이유를 써 봅시다.

(1) 순서를 바꾸거나 추가하고 싶은 활동

(2) 이유

두 번째 퍼즐 조각

코페와 퐁퐁이는 지도에 표시된 첫 번째 마을인 패턴 마을로 향했습니다. 계속 걷던 코페는 지치고 배도 고팠습니다. 날도 점점 어두워졌습니다. 마을 입구에 도착했을 때, 어디선가 맛있는 냄새가 바람을 타고 날아왔습니다.

"으음, 물고기 굽는 냄새야."

코페는 코를 벌름거리며 냄새를 쫓아 걸었습니다. 어느 집의 창문 앞에 먹음직스러운 물고기들이 한가득 놓여 있었습니다.

"와, 맛있겠다. 딱 하나만 먹자."

종일 굶은 코페와 퐁퐁이는 물고기 하나를 집어먹었습니다.

"아, 정말 맛있다."

하지만 하나, 둘, 셋, …. 코페와 퐁퐁이는 정신없이 물고기를 먹기 시작하였습니다.

그때 코페의 등 뒤에서 버럭 화내는 소리가 들렸습니다.

"이 녀석들, 누가 주인 허락도 없이 물고기를 먹고 있지?"

코페는 깜짝 놀라 뒤를 돌아봤습니다. 덩치가 커다란 바다코끼리였습니다.

"너무, 배가 고파서 그만……."

코페는 무서워 덜덜 떨었습니다. 퐁퐁이는 코페의 등 뒤에 몰래 붙어 있었습니다.

"괘씸한 녀석들 같으니."

화가 난 바다코끼리는 코페를 식량 창고로 끌고 가서 가두고 쇠창살 문을 닫았습니다. 식량 창고는 너무 어두워 아무것도 보이지 않았습니다. 그때 누군가의 목소리가 들렸습니다.

"저 바다코끼리는 맛있는 물고기로 우리를 꾀어서 잡아들이고 있어."

코페가 깜짝 놀라 뒤를 돌아보았습니다. 어둠에 차차 익숙해지자 여러 마리의 펭귄들이 보였습니다.

"우리도 깜박 속았어."

"이제 바다코끼리에게 잡아먹히고 말 거야. 흑흑."

"여기서 나갈 방법은 없을까?"

코페가 식량 창고를 둘러보며 묻자, 펭귄 한 마리가 말했습니다.

"쇠창살 문에 쓰인 규칙을 읽고 9개 무늬 버튼을 규칙에 맞게 눌러야 해. 그런데 우리는 여기에 갇혀 있으니 규칙을 알 수 없고 버튼을 누를 수도 없어."

또 다른 펭귄이 말하였습니다.

"게다가 규칙에 맞지 않게 버튼을 누르면 경보음이 울려서 바다코끼리가 쫓아올 거야."

그때 코페 등 뒤에 붙어 있던 퐁퐁이가 속삭였습니다.

"난 작으니까 쇠창살 밖으로 나갈 수 있어."

"그렇지, 퐁퐁이가 있었지! 그래, 나가서 규칙을 읽어 봐."

퐁퐁이가 쇠창살 밖으로 나가 규칙을 읽었습니다.

'색깔은 다르고 무늬가 같은 버튼 3개를 동시에 누르시오.'

"이게 뭐지?"

퐁퐁이는 갸우뚱거렸습니다.

"아, 시계에 불빛 기능이 있어. 이걸로 자물쇠를 비춰 봐."

퐁퐁이가 코페의 시계를 받아 자물쇠를 비추었습니다.

"우선 1번과 2번이 무늬가 같고 색깔이 다르네."

퐁퐁이는 조심스럽게 1번과 2번에 발을 올려놓았습니다.

"음, 그리고 7번이 무늬가 같고 색깔이 달라. 세 개를 동시에 눌러!"

퐁퐁이가 7번에 발을 올려놓고 동시에 누르려고 할 때, 너무 떨린 나머지 그만 발을 헛디뎌 8번을 눌렀습니다. 그러자 경고음이 크게 울리기 시작하였습니다.

"누구냐!"

바다코끼리의 쩌렁거리는 목소리가 들렸습니다.

"퐁퐁이, 어서 다시 눌러. 1번, 2번, 7번."

퐁퐁이가 서둘러 1번, 2번, 7번에 발을 올려놓고 동시에 눌렀습니다. 그러자 쇠창살 문이 열렸습니다.

"어서 서둘러. 바다코끼리에게 다시 잡히면 안 돼."

펭귄들은 식량 창고 옆 통로로 도망치기 시작하였습니다. 뒤에서 바다코끼리의 쿵쾅거리는 발소리가 더욱 크게 들렸습니다. 펭귄들은 열심히 뛰었지만, 바다코끼리가 더욱 바싹 쫓아오고 있었습니다.

　통로가 바다와 연결되어 있어서 펭귄들은 재빨리 헤엄쳐 육지로 올라왔습니다.
　"에이, 아쉽다. 잡을 수 있었는데. 황금 어장 지도를 꼭 빼앗고 말거야."
　바다코끼리는 화가 나서 몸을 부르르 떨었습니다. 육지로 올라온 펭귄들은 환호성을 질렀습니다.
　"코페야, 네 덕분에 우리 모두 살아났어."
　"정말 고마워. 그런데, 넌 여기에 왜 왔니?
　"응, 사라진 지도 조각을 찾고 있어."
　"그렇구나. 난 이 마을 대장의 딸이야. 우리 아빠가 아실지 몰라."

코페는 펭귄 마을 대장의 딸을 따라 마을로 들어갔습니다. 대장은 매우 기뻐하며 코페를 맞이해 주었습니다.

"고맙구나. 사라진 지도 조각을 찾고 있다지?"

"네."

"사실 그 조각은 우리 가문 대대로 전해지는 유물인데, 나도 그 쓰임을 잘 모른단다. 소중한 내 딸을 구해 준 보답으로 너에게 주겠다."

"감사합니다."

코페는 지도의 퍼즐 조각을 받아 조심스럽게 맞추었습니다. 두 번째 지도 조각이 맞추어지자 마을 위로 희미하게 빛이 나타났습니다.

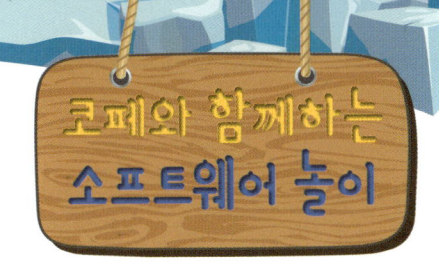

	학년	반	번	이름
학습 주제	패턴	학습 목표	문제에서 반복되는 일정한 규칙을 파악할 수 있다.	

1. 규칙에 따라 □ 안에 알맞은 모양을 그리고 색칠해 보세요.

2. 코페가 무사히 탈출하기 위해 다음의 문제의 규칙을 찾아 해결해야 합니다. 다음 문제를 해결하고 즐겁게 다음 마을로 떠납니다.

레벨 1	2 ▲ 3 = 6 4 ▲ 5 = 20 6 ▲ 7 = 42 8 ▲ 9 = ?	규칙: 답:
레벨 2	2 ◆ 2 = 4 3 ◆ 2 = 9 4 ◆ 2 = 16 5 ◆ 2 = ?	규칙: 답:
레벨 3	7 ♥ 3 = 1 6 ♥ 3 = 0 5 ♥ 3 = 2 4 ♥ 3 = ?	규칙: 답:

눈덩어리 옮기기

코페는 다음으로 분해 마을을 찾기 위해 이른 아침부터 서둘러 길을 떠났습니다. 코페의 눈앞에 커다란 얼음 호수가 보였습니다. 코페는 지도를 꺼내 보았습니다.

"이 호수를 건너가면 다음 마을이 있어."

꽁꽁 언 호수 위를 조심조심 걸었습니다.

"저길 좀 봐!"

저 멀리 집채만 한 커다란 눈덩어리가 보였습니다.

"호수 한가운데 큰 눈덩어리가 왜 있을까?"

코페가 쳐다보자 눈덩어리가 조금씩 움직였습니다.

"아? 조금씩 움직이는데?"

코페는 신기하여 다가가 보았습니다. 눈덩어리 옆에 토끼 한 마리가 숨을 가쁘게 내쉬며 눈덩어리를 끌고 있었습니다.

"안녕? 난 코페라고 해. 왜 이 커다란 눈덩어리를 끌고 있니?"

"응, 난 토리야. 겨울나기를 위해 새 이글루를 지어야 하거든."

"이걸 혼자서 끌고 간다고?"

"응. 이 호수만 건너면 되는데, 너무 무겁네."

"내가 도와줄게."

"나도."

코페와 퐁퐁이는 뒤에서 눈덩어리를 힘껏 밀었습니다.

"영차! 영차!"

아침이 지나고 점심이 지났습니다. 호수를 건너려면 아직 멀었습니다. 코페, 퐁퐁이, 토리는 지쳐 털썩 주저앉았습니다.

"너무 무거워서 도저히 안 되겠어. 좋은 방법이 없을까?"

코페와 퐁퐁이는 토리가 가져온 쿠키를 나누어 먹으면서 잠깐 쉬기로 하였습니다.

그때 눈썰매를 끌고 지나가던 집배원 토끼 아저씨가 인사를 하였습니다.

"안녕, 토리야. 이글루를 지으려는 모양이구나."

"네, 아저씨. 소포와 편지 배달은 다 끝나셨어요?"

"응, 이제 집으로 돌아가려고."

집배원 아저씨의 눈썰매를 보고 있던 코페가 외쳤습니다.

"아하, 그렇게 하면 되겠구나!"

코페는 좋은 아이디어가 생각나서 집배원 아저씨께 부탁하였습니다.

"아저씨, 눈썰매를 빌려주실 수 있나요?"

"집에 가는 거라면 내가 태워다 주마."

"코페, 아직 눈덩어리를 옮기지 못했잖아. 너무해."

토리가 토라져 말했습니다. 코페가 얼굴에 미소를 띠면 말했습니다.

"아니, 눈썰매를 이용해서 눈덩어리를 옮기려고."

집배원 아저씨가 고개를 절레절레 흔들었습니다.

"눈덩어리가 너무 커서 썰매에 실을 수 없어."

"썰매도 망가질 거야."

토리도 손사래를 쳤습니다.

"아니, 나에게 좋은 방법이 있어. 걱정하지 마."

코페가 자신 있게 외쳤습니다.

"그게 뭔데?"

퐁퐁이, 토리, 집배원 아저씨가 눈을 동그랗게 뜨고 코페를 바라보았습니다.

"눈덩어리가 커서 한꺼번에 옮기는 것은 너무 힘들어. 그러니까 썰매에 실을 수 있을 만큼 눈덩어리를 잘라서 옮기는 거야."

"아하! 그거 좋은 방법이구나. 나에게 마침 톱이 있단다. 배달할 때 길을 방해하는 나무나 얼음을 자를 때 필요하거든."

집배원 아저씨가 긴 톱을 꺼내었습니다.

"눈덩어리를 자를 때 조심해야 한다."

"네!"

코페, 퐁퐁이, 토리는 톱으로 눈덩어리를 잘라 눈썰매에 실었습니다. 집배원 아저씨는 자른 눈덩어리를 싣고 토리의 집 앞까지 가져다주었습니다. 마지막 눈덩어리만 남았을 때, 집배원 아저씨는 코페, 퐁퐁이, 토리도 함께 싣고 토리의 집에 데려다주었습니다.

"아저씨, 정말 감사합니다."

"코페 덕분이지."

"코페야, 정말 고마워. 그런데 넌 여기에 왜 왔니?"

"응, 사라진 지도 조각 퍼즐을 찾고 있어."

"지도 조각 퍼즐?"

코페는 가방에서 지도 조각 퍼즐을 꺼내 보여 주었습니다.

"아, 다음 마을은 지금 건너온 호수의 반대편이란다."

"그래요? 걸어가기에는 너무 멀다."

코페는 무척 실망하였습니다.

"코페야, 너무 걱정하지 마! 저쪽 숲속에 가면 썰매를 만들 수 있는 재료가 있을 거야."

"아저씨, 감사합니다."

"그럼, 지도 조각 퍼즐을 꼭 찾길 바란다."

코페와 퐁퐁이는 눈썰매를 타고 떠나가는 집배원 아저씨를 향해 손을 흔들었습니다.

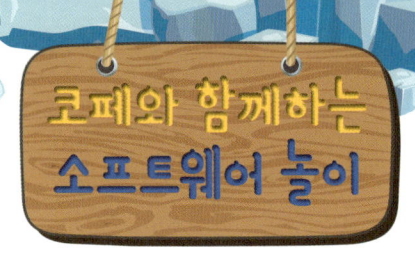

	학년	반	번	이름
학습 주제	분해	학습 목표	문제를 해결할 때 문제를 작은 단위로 쪼갤 수 있다.	

1. 코페가 배가 고픈 상황을 어떻게 해결하면 좋을지 단계를 보고 구체적 방법을 적어봅시다.

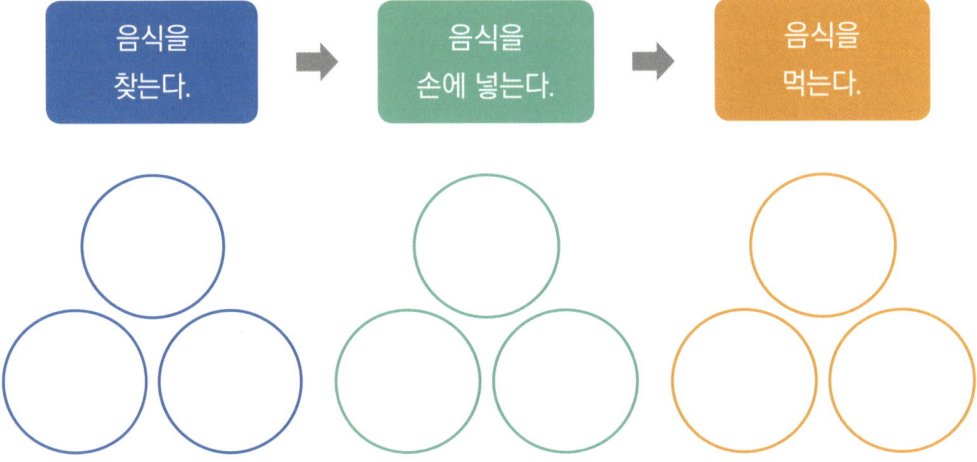

2. 코페와 퐁퐁이는 숲속으로 가는 길로 들어왔습니다. 미로처럼 복잡한 길을 통과해야 숲속으로 가서 썰매를 만들 수 있습니다. 코페가 미로를 통과하도록 문제를 분해하여 봅시다. 블록의 빈칸에 알맞은 명령어를 적어보세요!

① 키보드로 코페 움직이기	키를 눌렀을 때 / x 좌표를 10 만큼 바꾸기 키를 눌렀을 때 / x 좌표를 -10 만큼 바꾸기 키를 눌렀을 때 / y 좌표를 10 만큼 바꾸기 키를 눌렀을 때 / y 좌표를 -10 만큼 바꾸기
② 미로에 닿으면 경고음 내고 멈추기	시작하기 버튼을 클릭했을 때 ▢ 에 닿았는가? 이(가) 될 때까지 기다리기 모양 숨기기 소리 호루라기2 ▼ 1 초 재생하기
③ 겨울나무에 닿으면 대상없음 소리가 나고 "도착!"을 2초 동안 말하기	시작하기 버튼을 클릭했을 때 ▢ 에 닿았는가? 이(가) 될 때까지 기다리기 소리 대상없음 ▼ 3 초 재생하기 도착!! 을(를) 2 초 동안 말하기 ▼

※ 본문에서 사용된 블록 코딩은 모두 엔트리로 제작되었습니다.

썰매가 필요해

코페와 퐁퐁이는 아저씨가 알려 준 숲속에 도착했어요.

"코페, 그럼 썰매를 만들어 보자!"

퐁퐁이가 말했어요.

"하지만 난 썰매를 만들어 본 적이 없어. 어떻게 만들어야 하지?"

코페는 걱정이 한 가득이었어요.

"걱정 마! 코페. 차근차근 생각해보자! 일단 썰매를 만들려면 무엇이 필요할까?"

퐁퐁이가 물었어요.

"음…. 나뭇가지, 나무판, 끈이 필요하겠지?! 먼저 근처에서 나뭇가지와 끈을 찾아보자!"

코페는 기쁜 마음으로 나뭇가지를 찾기 시작했어요.

"좋아! 나뭇가지, 나무판, 끈 발견! 이제 시작해 볼까?"

코페와 퐁퐁이는 썰매 만들기 순서를 정하기로 했어요.

"우선 첫째! 나뭇가지 두 개를 나란히 놓는다. 둘째! 나무판을 그 위에 올린다. 셋째! 끈으로 나뭇가지와 나무판을 돌돌 묶는다. 이렇게 하면 썰매가 완성이야!"

풍풍이가 말했어요.

"좋아, 그럼 먼저 나뭇가지 두 개를 나란히 놓자. 그다음 나무판을 올리자. 끈으로 나뭇가지와 나무판을 묶자. 썰매 완성!"

코페와 풍풍이는 정말 기뻤어요.

코페와 퐁퐁이는 썰매를 올라탔어요. 그런데 썰매가 너무 낮아서 자꾸 발에 눈이 묻었어요.

"코페, 내 온몸이 눈으로 젖고 있어. 썰매를 좀 높게 만들어 줄래?"

"좋아! 문제 없지. 썰매 만드는 방법을 반복하면 돼."

"나뭇가지 두 개를 나란히 놓는다. 나무판을 그 위에 올린다. 끈으로 나뭇가지와 나무판을 돌돌 묶는다. 만들어 놓은 썰매 1층 위에 올린다. 끈으로 썰매 1층과 2층을 돌돌 묶는다."

코페는 순서대로 썰매를 만들었어요.

"나뭇가지 두 개를 나란히 놓는다. 나무판을 그 위에 올린다. 끈으로 나뭇가지와 나무판을 돌돌 묶는다. 만들어 놓은 썰매 2층 위에 올린다. 끈으로 썰매 2층과 3층을 돌돌 묶는다."

코페는 발이 닿지 않게 3층 썰매를 만들었어요.

"이제 썰매를 타고 출발해 볼까? 야호!"

코페와 퐁퐁이는 함께 만든 썰매 덕분에 다음 마을로 편히 갈 수 있었어요.

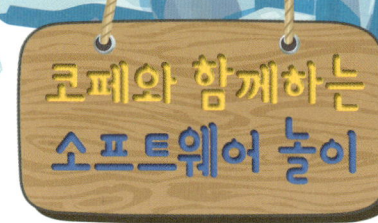

학습주제	반복	학습목표	문제를 해결할 때 반복되는 부분을 찾을 수 있다.

학년　　반　　번　　이름

1. 코페와 풍풍이처럼 재료와 만드는 순서를 보고 썰매를 완성해봅시다.

재료

나뭇가지　　　　나무판　　　　끈

만드는 순서

㉠ 나뭇가지 두 개를 나란히 놓는다.
㉡ 나무판을 나뭇가지 위에 올린다.
㉢ 끈으로 나뭇가지 두 개와 나무판을 묶는다.
㉣ ㉠, ㉡, ㉢을 한 번 더 반복하여 새 썰매를 만든다.
㉤ 새 썰매는 이미 만든 썰매 위에 놓는다.
㉥ 새 썰매의 나무판과 이미 만든 썰매의 나무판을 끈으로 돌돌 묶는다.

※ 완성된 썰매를 골라보세요.

① ②

③ ④

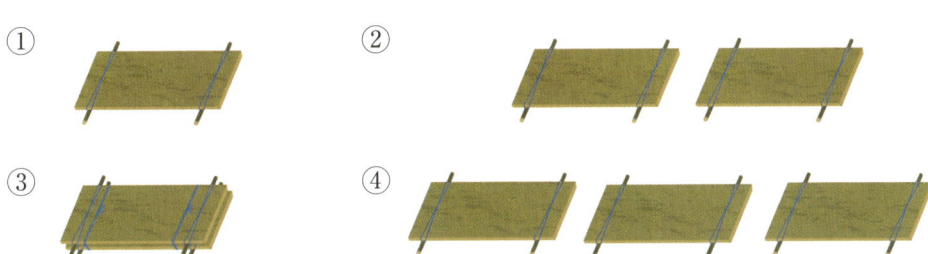

썰매를 타고 호수 위를 쌩쌩 달렸습니다. 장애물을 피해서 다음 마을로 가는 길의 블록을 보고 □번 반복해서 뛰어넘기하면 좋을지 숫자를 적어봅시다.

바다표범은 어떻게 생겼는가?

귀염둥이 퐁퐁이를 등에 태운 코페는 썰매를 타고 추상화 마을에 도착했어요.

저쪽 마을 입구에서 펭귄들이 웅성거리고 있었어요.

코페가 무리에 다가가서 들어보니 검은색 물체에 관해 이야기를 나누고 있었어요.

"검은 책 물체가 우리를 쫓아오는데, 도망치느라 혼쭐이 난 것 같아"

"너희는 정말 운이 좋구나! 너희들을 쫓았던 흰색의 물체는 바로 바다표범이란다."

코페는 놀란 목소리로 말하였습니다.

"아! 바다표범. 바로 아빠가 조심하라고 알려주신 바다표범이었구나!"

한 펭귄이 의문을 표했습니다.

"그런데, 얘들아! 우리가 예전에 본 것은 너희가 말한 것과 다른 것 같아. 흰색이 아니라 검은색이었거든!"

그때 한 펭귄이 말을 이었습니다.

"너희들이 본 것은 바다표범이 아니야. 내가 보았던 바다표범은 몸 전체가 회색으로 덮여 있었고 어깨와 꼬리 부근에 많은 점이 있었어."

코페와 함께 온 퐁퐁이가 목소리를 높였습니다.

"아니야. 바다표범은 검은색이었어. 배 부위는 일부 회색이긴 했지만. 그리고 머리가 둥글고 수염이 있었어."

다른 펭귄도 퐁퐁이 주장에 맞장구를 쳤습니다.

"맞아! 하나 덧붙이자면 바다표범은 크기가 4m 정도 되는 것 같아!"

이때 둥그렇게 모인 펭귄들의 시선을 한 곳으로 모은 것은 다름 아닌 한쪽 다리에 큰 상처를 있는 펭귄이었습니다.

"난 어렸을 때 바다표범한테 물린 경험이 있어. 내 다리를 봐! 바다표범은 이빨이 매우 날카로워서 무엇이든지 쉽게 자를 수 있어"

그 펭귄은 자신의 왼쪽 다리를 높이 올려 보여 주었습니다.

"덧붙이면, 바다표범은 발이 네 개야! 앞발은 첫째 발가락이 제일 길고 다섯째 발가락으로 갈수록 짧아져. 그리고 뒷발은 첫째와 다섯째 발가락이 길고 가운데의 세 발가락은 짧아."

평소 바다표범에 관해 공부를 해왔던 박사 펭귄이 바다표범의 생김새에 대한 설명을 이어 나갔습니다.

"바다표범은 헤엄을 칠 때 좌우의 발바닥을 서로 합쳐서 마치 물고기의 꼬리지느러미와 같은 운동을 하는데 매우 빠른 속도로 앞으로 나아가지!"

친구들이 자신의 말에 더 집중하는 것을 느낀 박사 펭귄은 큰 소리로 신이 나서 말하였습니다.

"우리 펭귄들이 가장 조심해야 할 것은 바다표범의 이빨이야! 매우 날카로워서 무엇이든지 쉽게 자를 수 있지."

"아휴, 끔찍해!"

둘러앉아 있던 펭귄들 모두가 두려움에 휩싸였습니다.

"펭귄들아! 바다표범을 너무 두려워할 필요는 없어. 내가 바다표범이 가진 한 가지 약점을 찾았거든!"

펭귄들은 모두 퐁퐁이 말에 귀를 기울이기 시작하였습니다.

"뭔데! 빨리 알려줘"

펭귄들이 한목소리로 외쳤습니다.

"너희들이 알다시피 바다표범은 발이 네 개야. 그런데 자세히 보면 앞발은 앞쪽을, 뒷발은 뒤쪽을 향하고 있어!"

"그게 어떻게 약점인데?"

호기심 강한 코페가 퐁퐁이의 대화에 끼어들었습니다.

"응. 코페야. 이러한 신체구조 때문에 바다표범은 땅 위에 오르면 빨리 걸을 수가 없어. 다시 말해, 바다표범은 바다에서는 수영선수처럼 헤엄칠 수 있지만, 땅 위에서는 마치 거북이처럼 아주 느리게 기어 다니게 돼"

"아하! 바다표범을 만나면 최대한 빨리 땅 위로 도망쳐야 한다는 말이구나!"

코페가 퐁퐁이 말에 맞장구를 쳤습니다. 하지만 곧 코페의 얼굴이 어두워지면서 주위 펭귄들에게 물었습니다.

"퐁퐁이와 나는 방금 너희들이 말한 바다표범으로부터 가까스로 도망쳐 왔어. 그런데, 우리가 본 바다표범하고 너희들이 말한 바다표범이 다른 것 같아!"

"바다표범은 진짜 어떻게 생긴 것이지?"

"맞아! 맞아! 어떻게 생긴 걸까?"

펭귄들이 웅성거리기 시작했습니다.

그때 마을에서 가장 나이가 많은 할아버지 펭귄이 나섰습니다.

"너희들이 말한 바다표범은 다 맞는 것 같다. 누구도 정답이라고 말할 수 없지만, 모두가 틀린 것도 아닌 것 같구나!"

"할아버지! 그럼 바다표범은 도대체 어떻게 생긴 걸까요?"

호기심이 강한 코페는 바다표범 바다표범의 진짜 모습이 궁금해졌습니다.

"자, 그럼 우리 모두 바다표범의 공통점을 찾아보자꾸나. 그리고 바다표범이 자주 나타나는 지역에 위험 표지판을 설치하도록 하자구나. 아마도 모든 펭귄에게 큰 도움이 될 거야!"

할아버지 펭귄이 말하였습니다.

"바다표범은 꼬리, 수염, 눈 2개, 발 4개를 공통으로 가진 것 같아. 물론 크기, 색깔, 털의 종류에 따라 다양한 바다표범으로 나눌 수도 있지만, 이건 많이 중요하진 않아."

 "예를 들어 검은색 눈인지 파란색 눈인지, 피부색이 흰색인지 검은색인지는 크게 중요하진 않단다. 또한 어떤 물고기를 좋아하는지도 알 필요가 없지. 이러한 것들은 구체적인 특징에서 제외돼야 하겠지."

 "구체적인 특징들을 빼고 꼭 필요한 핵심을 찾는 과정이 중요하단다."

 "그럼 너희들이 바다표범 조심 표지판 그려 보아라"

 코페가 얼음 위에 바다표범을 그렸습니다. 그리고 모든 펭귄 친구들이 바다표범의 그림에 대해 찬성하였습니다.

 코페와 친구들은 나무로 된 표지판에 '바다표범을 조심해'란 문구와 함께 바다표범을 그렸습니다. 그리고 바다표범이 자주 나타나는 곳에 표지판을 박기 위해 땅을 팠습니다.

그런데 갑자기 땅속에서 코페는 보물지도 한 조각을 발견하였습니다.

"퐁퐁아! 두 번째 보물 지도야!"

친구들과 위험 표지판을 박고 나서 코페는 손에 차고 있던 스마트워치로 표지판의 사진을 촬영하였습니다. 그리고 엄마에게 문자를 보냈습니다.

"엄마! 세 번째 보물 지도를 찾았어요. 이제 함수 마을로 떠날게요. 사랑해요"

엄마가 답장을 보냈습니다.

"코페야, 함수 마을에 가면, 싸움의 기술을 알고 있는 사부를 만날 수 있을 거야."

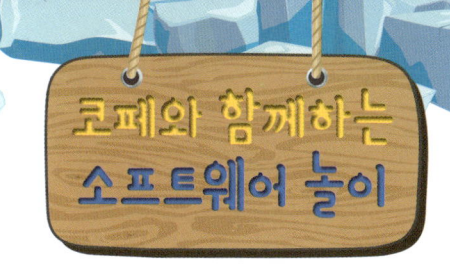

	학년	반	번	이름
학습 주제	추상화	학습 목표	복잡한 문제 해결을 위해 핵심요소를 추출할 수 있다.	

1. 바다표범의 가장 중요한 특징만을 뽑아 표지판을 만든 것처럼 아래의 동물들의 특징을 읽고 표지판 그림을 그려 봅시다.

특징	그림
• 배 부분은 편평한 편이다. • 집게발 두 개는 매우 크고 나머지 8개의 발은 적당한 크기이다. • 수컷은 청색이 강하고 암컷은 황갈색을 띠고 있다. • 눈은 두 개가 있다.	
• 낙지류로 4쌍 8개의 다리를 가지고 있고 다리에는 빨판이 있다. • 몸이 큰 종류로 60cm에서 6m까지 크기가 다양하다. • 몸이 미끌거리고 머리 부분은 동그랗다. • 태평양 북부에 널리 분포하여 살고 있다.	
• 붉은색, 푸른색 등 색깔이 다양하다. • 움직임이 둔하다. • 별 모양을 하고 있다. • 다양한 종류가 존재하여 한국에는 100여 종이 살고 있다. • 팔(다리)이 5개로 이루어져 있다.	

2 아래의 명령코드를 이용해 코페가 물고기를 최대한 빨리 잡을 수 있도록 명령을 내려보세요. F블록은 반복되는 여러 명령 블록을 묶는 기능이 있습니다. F블록을 이용하면 코페가 수행하는 명령이 단순화될 수 있겠죠.

명령 코드	⬆	🐟	↻	↺	F
쓰임새	한 칸 이동	물고기 잡기	오른쪽 90도 돌기	왼쪽 90도 돌기	반복되는 명령 모음

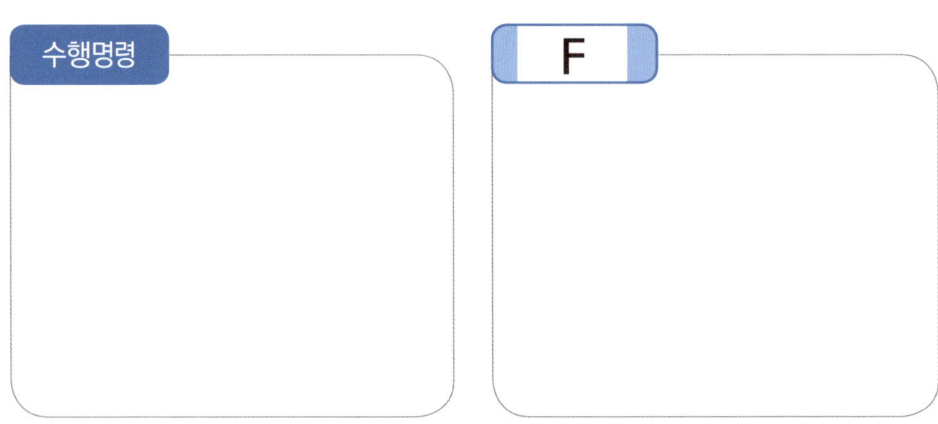

얼음 위를 지나가려면

코페와 퐁퐁이는 함수 마을로 가기 위해 얼음 위를 건너야만 해요. 하지만 얼음 아래에는 바다표범이 지나다녀요. 바다표범을 만나면 코페와 퐁퐁이 모두 위험해져요.

퐁퐁이가 겁에 질려 말했어요.

"코페! 얼음 위를 언제 지나가야 안전하게 갈 수 있을까?"

코페가 주먹을 불끈 쥐며 말했어요.

"바다표범이 얼음 아래 있는지 없는지 알면 될 거야. 바다표범이 얼음 아래 없을 때 재빠르게 지나가면 되잖아?"

퐁퐁이가 물었어요.

"바다표범이 얼음 아래 없는 것을 어떻게 알 수 있을까?"

코페가 말했어요.

"얼음은 투명하니까 얼음 위에서 아래를 내려다보면 얼음 속이 보이잖아! 만약 얼음 아래가 투명하면 바다표범도 없는 거야! 얼음 아래 바다표범이 보이면 진짜로 얼음 아래 바다표범이 있는 거지!"

퐁퐁이가 이제 웃으며 이야기했어요.

"그럼 만약 얼음 아래가 투명하면 지나가자. 아니면 기다리자."

　코페와 퐁퐁이는 얼음 아래를 내려다보았어요. 얼음 아래로 검은 그림자가 보였어요. 바다표범이었어요. 코페가 조용히 말했어요.

"지금은 아닌가 봐. 기다리자.

　코페와 퐁퐁이는 5분 뒤에 다시 얼음 아래를 내려다보았어요. 얼음 아래가 투명했어요. 코페가 퐁퐁이의 손을 잡았어요.

"얼음 아래가 투명하네. 이제 지나가자."

　코페와 퐁퐁이는 조심조심 얼음 위를 지나갔어요. 얼음 위를 모두 지나간 후 퐁퐁이가 신이 나서 말했어요.

"성공! 코페 덕분에 바다표범을 만나지 않고 얼음 위를 무사히 지나왔어. 고마워 코페!"

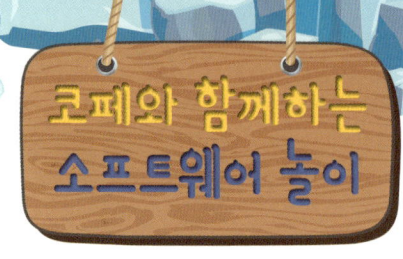

	학년	반	번	이름
학습 주제	조건	학습 목표	프로그램의 실행 흐름을 제어하는 조건문을 이해할 수 있다.	

1 코페가 무사히 이동할 수 있게 조건표를 채워 봅시다.

If(만약에)	물고기들이 보이면
else if (그렇지 않고 만약에)	바다표범이 보이면
else(그렇지 않고 아무것도 없으면)	

If

else if

else

2 코페가 얼음 위를 건너갈 동안 바다표범은 물속에서 먹이 사냥을 하고 있었습니다.

만약 키보드↑를 누르면 위로 5만큼, ↓를 누르면 아래로 5만큼, →를 누르면 오른쪽으로 5만큼, ←를 누르면 왼쪽으로 5만큼 이동하도록 블록의 빈칸을 완성해 보세요.

만약 빨간 물고기에 닿으면 "성공"을 말하고, 그렇지 않으면 "배고파"를 말하도록 블록의 빈칸을 완성해 보세요.

싸움의 기술

코페는 함수 마을에 도착했어요. 코페는 벌써 바다표범을 무찌른 느낌이었어요.

코페가 마을의 한 펭귄에게 물었습니다.

"안녕하세요! 저는 남극 펭귄 마을에서 온 코페라고 합니다. 이 마을에 오면 엄청난 싸움의 기술을 배울 수 있다고 해서 왔어요."

"싸움의 기술을 익히러 왔군요. 사부님께 가보세요. 이 언덕을 지나면 사부님의 수련장이 나옵니다."

코페는 마을 주민 펭귄이 알려준 수련장으로 갔어요.

수련장의 문 앞에서부터 사부님의 큰 목소리가 들렸어요.

"오른팔을 뻗으세요. 다시 몸쪽으로 가져오세요. 왼팔을 뻗으세요. 다시 몸쪽으로 가져오세요."

코페가 눈을 반짝이며 말했어요.

"혹시 사부님이신가요? 저는 펭귄 마을에서 온 코페입니다. 바다표범을 이기기 위한 싸움의 기술을 꼭 배우고 싶어요!"

사부님이 말씀하셨어요.

"어서 오게나. 싸움의 기술을 배우고 싶다고? 그럼 이 옆에 서서 내가 하는 말대로 연습하게나."

"오른 다리를 앞으로 쭉 뻗으세요. 다시 몸쪽으로 가져오세요. 왼 다리를 앞으로 쭉 뻗으세요. 다시 몸쪽으로 가져오세요."

사부님의 말에 따라 열심히 따라 하던 코페가 물었어요.

"사부님! 이 기술의 이름은 무엇인가요?"

사부님이 난감해하며 말했어요.

"기술의 이름? 글쎄다. 딱히 이름이 없구나. 난 그저 여러 싸움의 기술을 순서대로 알려준단다."

"그럼 항상 모든 기술을 말할 때 순서대로 일일이 다 말씀하시는 거예요?"

코페는 이렇게 모든 기술의 순서를 하나하나 말해주는 것이 힘들다고 생각했어요. 코페가 번뜩이는 아이디어를 말했어요.

"사부님! 기술마다 이름을 붙이는 것이 어떨까요? 지금 알려주시는 오른 다리와 왼 다리를 사용하는 기술은 '발차기 기술'이라고 할 수 있지요!"

사부님도 코페의 아이디어가 마음에 들었어요.

"오~! 그럼 내가 수련생들에게 발차기 기술에 대해 한 번 설명하고 그다음부터는 발차기 기술 5번 연습! 이런 식으로 말하면 되겠구나."

사부님은 배를 이용한 싸움 기술에 '배치기 기술'이라는 이름을 붙였어요.

"이번 기술은 배치기 기술이다. 등을 앞으로 구부립니다. 배에 힘을 줍니다. 순간적인 힘을 이용해 배를 앞으로 딱 내밉니다."

사부님이 한결 편안해진 표정으로 싸움의 기술을 알려주었어요.

"자, 줄을 맞추어 서 보세요. 둘씩 짝을 지어보세요. 서로를 바라보세요. 발차기 기술 2번 연습! 그다음은 배치기 기술 2번 연습!"

코페와 퐁퐁이는 사부님에게 다양한 이름의 싸움의 기술을 배웠어요.

이제 바다표범이 두렵지 않아요.

　사부님은 고마움의 표시로 코페에게 네 번째 지도 조각을 주었어요.

　코페는 뜻밖의 행운에 더욱 기뻐하였죠. 코페와 퐁퐁이는 지도 조각을 맞추어 다음 마을로 출발했어요.

코페와 함께하는 소프트웨어 놀이

학년	반	번	이름

학습 주제	함수	학습 목표	원하는 기능을 수행하도록 명령어들을 묶은 뒤 이름을 정한 것이 함수임을 알 수 있다.

1 코페에게 알려줄 수 있는 싸움의 기술에 이름을 붙여 보세요.

이름	

1. 오른손으로 주먹을 쥡니다.
2. 오른 주먹을 상대방에게 뻗습니다.
3. 오른손을 다시 몸쪽으로 가져옵니다.
4. 왼손으로 주먹을 쥡니다.
5. 왼 주먹을 상대방에게 뻗습니다.
6. 왼손을 다시 몸쪽으로 가져옵니다.

이름	

1. 상대방 주위를 오른쪽으로 빙빙 3바퀴 돕니다.
2. 상대방 주위를 왼쪽으로 빙빙 3바퀴 돕니다.
3. '발차기 기술'을 사용합니다.
4. 1, 2, 3번을 반복합니다.

2. 코페의 승리를 확신한 퐁퐁이는 기분이 좋아서 춤을 추었습니다. 퐁퐁이의 춤에도 이름이 있었습니다. 퐁퐁이의 춤을 나타내는 블록을 보고 퐁퐁이가 춤을 추며 그리는 그림을 그려 보세요.

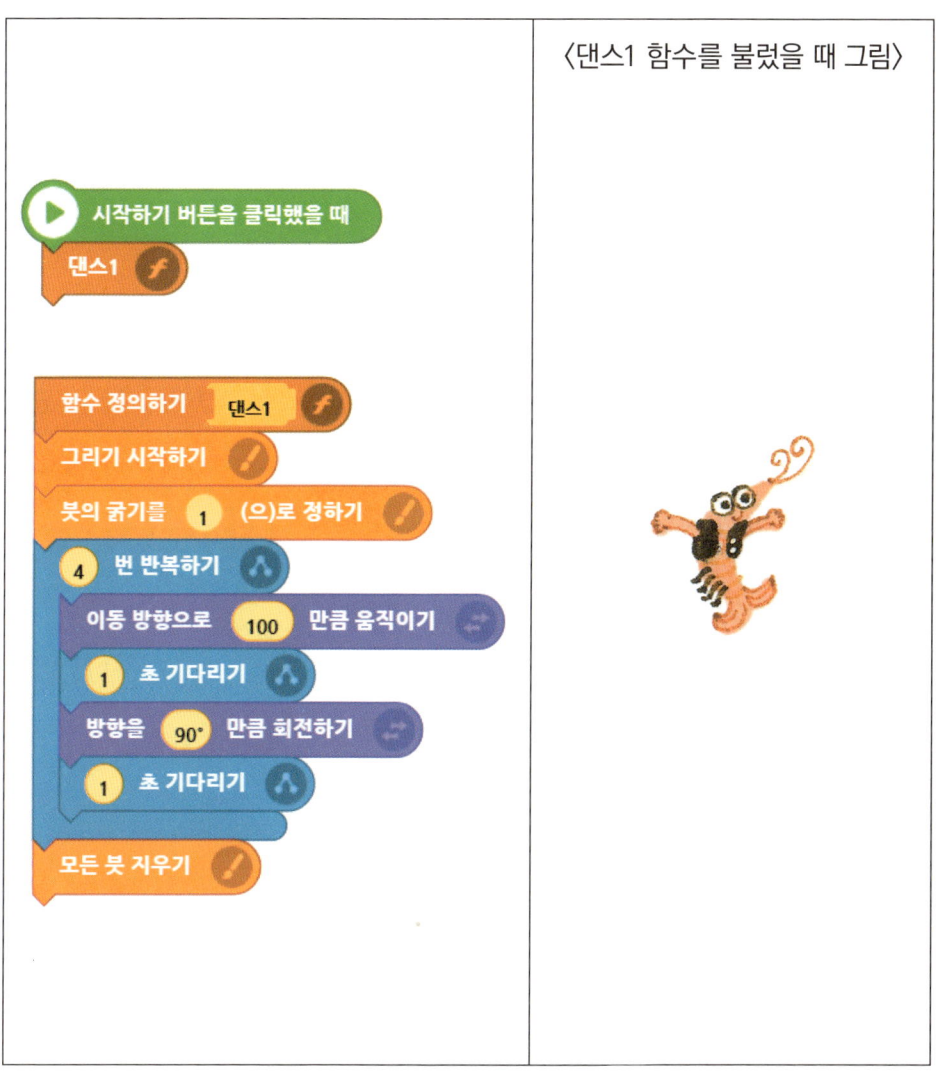

〈댄스1 함수를 불렀을 때 그림〉

결전의 날

코페는 함수 마을을 떠나는 다리를 건너고 있었어요. 그런데 항상 코페를 쫓아다니던 바다표범을 딱 마주치게 되었어요.

바다표범은 무섭고 화가 난 표정을 하며 코페에게 다가와 날카로운 이빨을 보이며 말했어요.

"네가 바로 내 형님 바다코끼리를 골탕 먹인 건방진 펭귄이구나! 너를 한참 찾아다녔다. 며칠을 굶었더니 배가 무척 고프군."

코페와 퐁퐁이는 겁이 났지만 싸움의 기술이 있으므로 겁나지 않았어요. 코페가 당당하게 말하며 바다표범에게 다가갔어요.

"바다표범 덤벼라! 내가 싸움의 기술을 익혔지!"

코페는 발차기 기술, 배치기 기술을 바다표범에게 순서 없이 무차별적으로 썼어요.

"으악, 이게 뭐야? 내 얼굴을 할퀴다니. 가만 안 두겠어."

화가 난 바다표범은 코페에게로 성큼성큼 다가와 주먹으로 코페를 치고 발로 코페를 공격했어요. 주먹, 꼬리, 배로 끊임없이 공격해서 코페는 정신을 차릴 수 없었어요.

"코페!! 정신 차려야 해. 잠깐만! 이러다 정말 코페가 큰일 나겠어!"

놀란 퐁퐁이는 다리를 길게 뻗어 코페를 데리고 왔어요.

코페는 이제야 정신을 차렸어요.

"코페! 이렇게 순서 없이 공격하다가는 바다표범에 진짜 먹히고 말겠어. 우리도 공격 순서를 짜자!"

풍풍이가 결의에 찬 표정으로 말했어요.

"내가 옆에서 보았는데 바다표범이 공격하는 방식에 순서가 있었어. 주먹, 꼬리, 배를 이용해서 공격했어."

"좋아. 그럼 그 공격에 대비해서 순서를 짜보자. 우선 바다표범을 마주 보고 서야겠지. 만약에 바다표범이 주먹을 휘두른다면 나는 배치기 기술로 주먹을 날리겠어. 그렇지 않고 만약에 바다표범이 꼬리로 나를 치려고

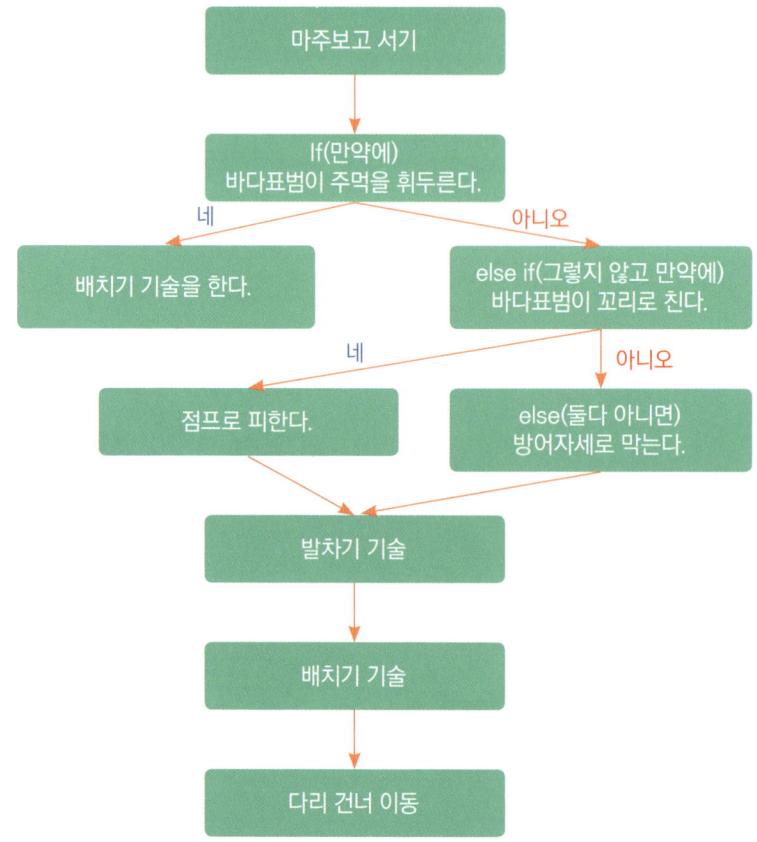

한다면 나는 점프를 해서 피하겠어. 그렇지 않으면 방어 자세로 막고 있겠어. 바다표범의 공격이 끝나면 내가 공격을 할게. 먼저 발차기 기술을 하겠어. 그런 다음에는 배치기 기술로 바다표범을 날려야지. 그리고서 얼른 다리를 건너 이동하자."

　다시 힘을 낸 코페는 바다표범을 마주 보고 섰어요. 코페와 퐁퐁이가 함께 만든 순서에 따라 마지막 배치기 기술까지 성공했어요. 코페의 배치기 기술에 당한 바다표범은 멀리 날아갔어요. 코페와 퐁퐁이는 얼른 다리를 건너 변수 마을로 이동했어요.

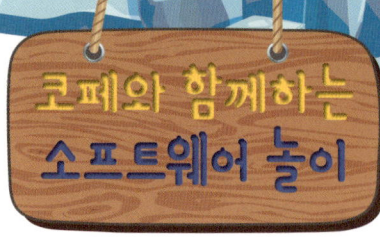

학년	반	번	이름
학습 주제	알고리즘	학습 목표	알고리즘이 문제를 해결하는 단계의 목록임을 알고 알고리즘의 결과를 예측할 수 있다.

1 아래의 '결투 알고리즘'을 보고 문제에 대한 답을 작성해 보세요.

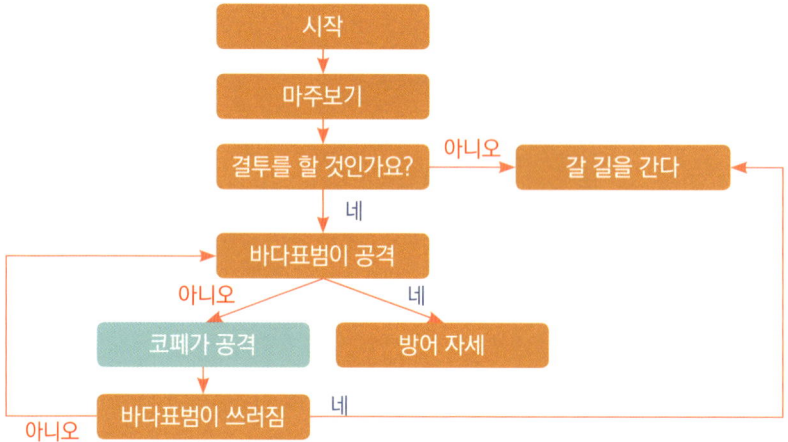

1. 코페가 바다표범과 마주친 뒤 결투를 안 하기로 결정하면 어떤 행동을 할까요?	
2. 결투를 하기로 했는데 바다표범이 먼저 공격을 하면 코페가 어떤 행동을 해야 할까요?	
3. 코페가 공격 한 뒤 바다표범이 쓰러졌으면 코페는 어떤 행동을 할까요?	
4. 코페가 공격 은 함수 이름입니다. 코페가 공격 함수에 들어갈 공격 내용을 스스로 적어보세요.	

2. 코페는 이제 바다표범이 무섭지 않습니다. 바다표범이 다가왔을 때 이리저리 빨리 피하는 연습을 해 봅시다. 〈보기〉의 블록을 가지고 알고리즘을 완성해 보세요.

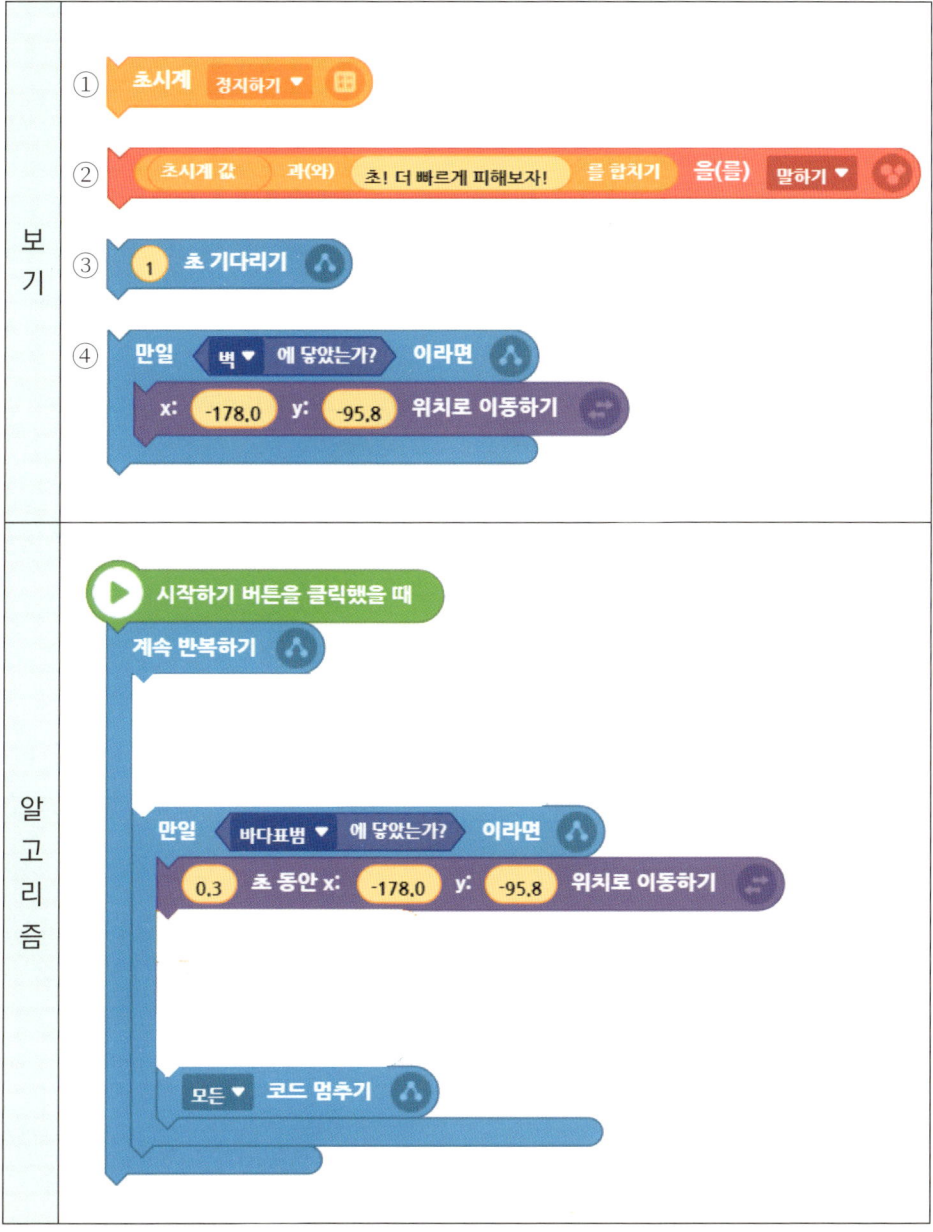

엄마의 상자

변수 마을 입구에 도착하자 맛있는 냄새가 코를 자극했어요.

그곳 사람들은 맛있는 냄새가 나는 포대를 저마다 잔뜩 나르고, 커다란 창고에서 물고기를 팔고 있었습니다. 코페는 그중에서도 가장 큰 창고로 갔습니다.

"아저씨! 여기 줄무늬 물고기 10마리만 주세요!"

"이런, 내가 너무 바쁜걸? 네가 들어가서 찾아보렴!"

창고 안에는 온갖 물고기들이 뒤섞여 산처럼 쌓여있었습니다. 코페는 줄무늬 물고기를 찾아다니기 시작했습니다. 하지만 금세 시무룩해졌어요. 먹잇감들이 너무 많아 코페가 좋아하는 줄무늬 물고기를 찾는 것이 쉬운 일이 아니기 때문이죠!

"아저씨, 도대체 여기서 줄무늬 물고기를 어떻게 찾으란 거죠?"

"미안하구나. 하지만, 어쩔 수 없단다. 정리하려고 해도, 물고기가 너무 많아 자꾸만 섞여버려."

아저씨와 코페, 그리고 퐁퐁이는 물고기 더미를 보며 함께 한숨 쉬었습니다. 그런데 문득, 코페는 자신의 방을 보고 한숨 쉬던 엄마의 모습이 떠올랐습니다.

"아저씨! 좋은 방법이 있어요!"

코페는 엄마가 자신의 방을 정리하던 방법을 떠올렸습니다. 엄마는 늘 상자를 이용하곤 했습니다. 각 상자에는 저마다의 이름이 있었습니다. 예쁜 물건을 담는 '물건' 상자, 쓰레기를 담는 '쓰레기' 상자 등등…. 방을 항상 어지르던 코페도 그 상자만 있으면 척척 물건들을 정리하고 찾아 쓸 수 있었습니다.

"물고기를 이름이 있는 상자에 담으면 돼요! 상자밖에 물고기 이름을 쓰고, 각각 종류별로 찾아서 넣는 거죠! 어때요, 쉽죠?"

"아하, 상자에 이름이 있으니, 다른 배달 온 펭귄들도 잘 찾아 넣을 수 있겠구나."

"그럼요, 저같이 까다로운 손님에게도 금방 물건을 찾아 줄 수 있고요!"

"오호! 코페 너는 정말 대단한 펭귄이구나!"

잠시 후, 사장과 여러 펭귄은 커다란 상자들을 잔뜩 들고 와 이름을 붙이고, 물고기를 넣어 정리하기 시작했어요. 그런데, 그때 먹잇감들 사이에 눌려 보이지 않던 어떤 물체가 코페의 눈에 띄었습니다. 그것은 바로 다섯 번째 지도 조각이었습니다.

코페는 아저씨에게 선물로 받은 줄무늬 물고기 한 상자를 들고, 다음 마을로 떠나게 되었습니다.

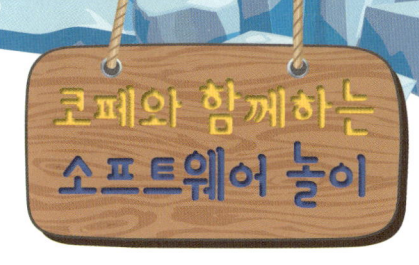

학년	반	번	이름
학습 주제	변수	학습 목표	변수의 의미를 알고 활용하며 문제를 해결할 수 있다.

1. 코페를 도와 해산물을 정리할 상자(변수)의 이름을 정해주고, 선을 그어 정리해봅시다.

2. 코페가 코드로 마술을 하고 있습니다. 코페의 물음에 답을 구하세요.

(코드)	(해석)
A = 3 ;	"내가 A라는 상자(변수)에 숫자 3을 넣어 놨어."
A = A+2 ;	"그다음, 상자 안의 숫자에 2를 더해서 다시 집어넣었어."
A++ ;	"또, 상자 안의 수를 1만큼 증가시켜서 넣었어."
A = ??	"그렇다면, 지금 상자 안에 들어 있는 수는 얼마일까?"

답: _____

너의 이름은

다음 지도 조각이 있는 마을을 향해 가던 중 코페와 퐁퐁이는 커다란 크릴새우 무리를 보게 되었습니다.

"우와. 퐁퐁아 전부 너같이 생긴 크릴새우들이 수만 마리나 있네! 모두 네 친구니?"

"아니, 저 크릴새우들은 처음 보는걸?"

수많은 크릴새우가 무리를 지어 바다를 헤엄치고 있었습니다. 그런데, 어딘가 이상해 보였습니다. 크릴새우들이 너무 많아 서로 부딪히고 헤매고 힘들어 보였습니다. 줄을 세우기 위해 경찰 새우가 일일이 이름을 부르며 순서를 맞추고 있었지만, 크릴새우들은 줄을 잘 서지 못하였습니다. 궁금해진 코페는 그들을 유심히 관찰한 결과 그 원인을 찾아내었습니다.

"아낙수나타루시야 히랄루스 새우, 첫 번째로 가세요! 곤지라소니악 하메테우소느 새우, 그 뒤로 가세요!"

"들어봐 퐁퐁아. 저 크릴새우들은 이름이 엄청 긴걸? 경찰 새우가 이름을 부르는 게 너무 힘들어 보여! 그래서 새우들도 우왕좌왕하고 있는 게 아닐까?"

정말 코페의 말대로였습니다. 새우들이 많은 만큼, 이름이 겹치지 않게 하려고 이 크릴새우들은 정말 길고 긴 이름을 지어왔던 것입니다. 이들을 본 퐁퐁이는 경찰에게 다가가 자신의 줄서기 비법을 알려주기로 마음먹었습니다.

"경찰 아저씨. 그런 식으로 이름을 부르면 모두 제시간에 줄을 설 수 없을 거예요. 우선, 마음대로 줄을 서라고 하고 그다음에 순서대로 이름 대신 번호를 주는 거예요! 첫 번째에 선 아낙수나타루시야 히랄루스 새우는 아낙수나타루시야 히랄루스 새우라고 부르는 대신 '1번' 새우라고 부르는 거예요. 그리고 그 뒤는 '2번' 새우. 어때요? 쉽고 빠르죠?"

곧 경찰 새우는 퐁퐁이의 비법을 다른 새우들에게도 알려주었습니다. 그리곤 줄을 설 때는 모두가 길고 불편한 이름 대신 자신의 번호 순서대로 줄을 서게 되었습니다. 더 이상 경찰 새우가 이름을 일일이 부를 일도 없어지고, 중간중간 원하는 새우를 찾기도 더 쉬워졌습니다.

"5번 새우, 새치기하지 마세요. 4번 새우 뒤로 돌아가세요."

"1번부터 1,300번 새우들까지 먼저 이동하세요!"

코페는 퐁퐁이의 활약이 새삼 대단하게 느껴졌습니다.

퐁퐁이는 이 남극에서 가장 똑똑한 크릴새우임이 틀림없다고 생각하며 퐁퐁이와 코페는 다음 마을을 향한 여정을 이어갔습니다.

코페와 함께하는 소프트웨어 놀이

	학년	반	번	이름
학습 주제	배열		학습 목표	배열의 의미를 알고 실생활에서 배열을 사용하면 좋은 예를 찾을 수 있다.

1. '배열'로 묶어 줄 세우면, 어려운 이름 대신 순서대로 번호로 부를 수 있습니다. 퐁퐁이를 도와 크릴새우들을 '배열'로 줄을 세워 봅시다.

새우						
	아낙수나	곤지라	히랄루스	하메테	타루시야	우소느
순서	1번 새우	☐번 새우	☐번 새우	☐번 새우	☐번 새우	☐번 새우

78

2 '배열'은 비슷한 종류끼리 묶는 것이 좋습니다. 다음 바다 친구들을 종류에 맞게 '배열'로 만들고, 각 배열의 이름을 지어주세요.

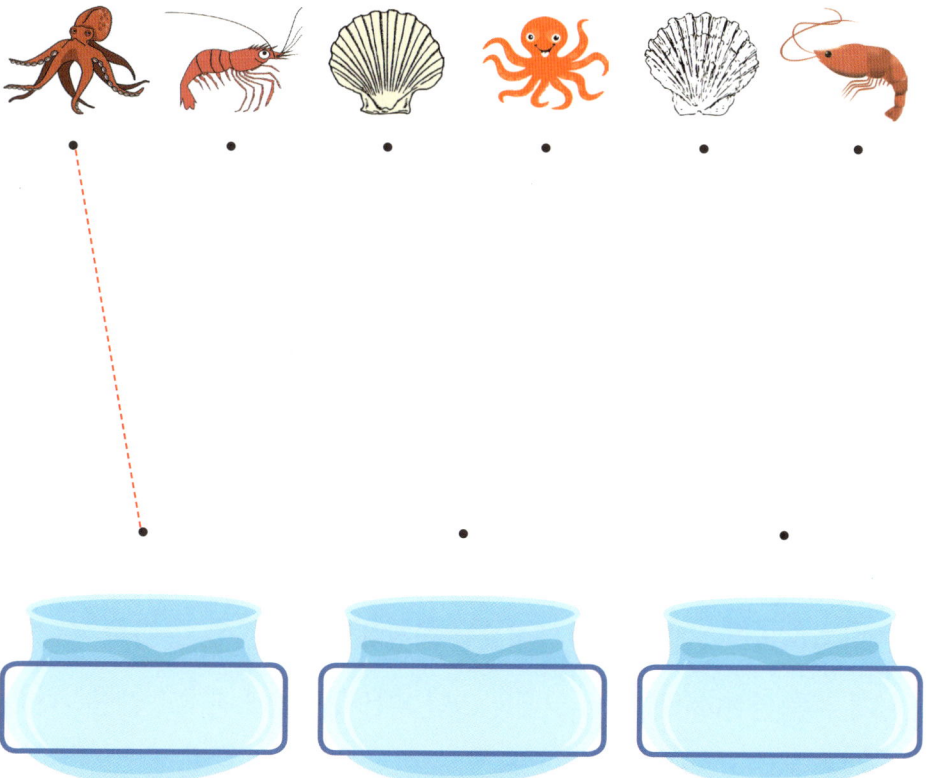

0과 1의 나라

밤새 쌓인 눈으로 길 찾기가 쉽지 않았습니다. 그때 코페 옆으로 물개 한 마리가 눈썰매를 타고 내려가며 외쳤습니다.

"헉! 너무 늦었어. 여왕님이 몹시 화를 내실 거야. 지름길로 가자!"

'지름길? 저 물개에게 길을 물어보면 되겠다.'

물개 뒤를 열심히 쫓아가던 코페는 그만 얼음 구덩이에 빠지고 말았습니다.

"으악!"

한참을 미끄러져 내려가다가 '툭' 떨어져 보니 큰 궁전 앞의 얼음 정원이었습니다. 저 멀리 여왕과 신하들 그리고 5명의 근위병이 보였습니다.

"어서 숨어. 저 여왕은 꽤 난폭해. 발견되면 큰일이야."

물개가 등 뒤에서 속삭였습니다. 코페는 나무 뒤에 숨었습니다. 여왕은 얼굴을 찡그리며 소리를 질렀어요.

여왕 옆의 신하가 근위병들을 잠시 보고 나서 말했습니다.

"뭐야? 오늘도 숫자 규칙을 어긴 녀석들이 있다고? 도대체 몇 명이냐?"

"00011명입니다."

코페를 고개를 갸우뚱거리며 물개에게 물었습니다.

"00011? 그게 무슨 뜻이지?"

"이 나라에서는 모든 숫자를 0과 1로만 말해야 해. 만약 어기면 큰 벌을 받게 돼."

"어떻게 모든 숫자를 0과 1로만 말할 수 있어?"
"여왕 옆에 있는 근위병의 옷이 힌트야. 난 바빠서 이만."

물개는 눈썰매를 타고 다시 사라졌습니다. 퐁퐁이는 그냥 도망가자고 했지만, 코페는 여왕과 근위병을 계속 지켜보기로 하였습니다. 5명의 근위병은 점이 그려진 카드 옷을 입고 있었습니다.

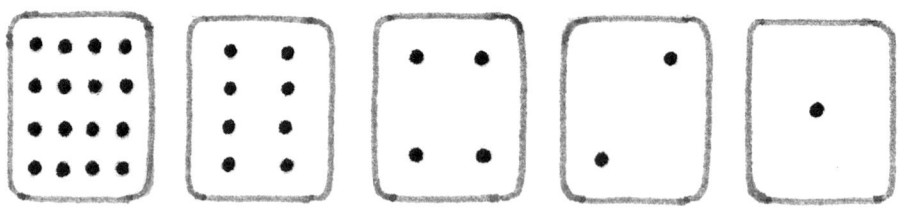

여왕이 다시 물었습니다.
"오늘까지 잡힌 죄인들을 모두 몇 명이지?"
이때 첫 번째 근위병과 네 번째 근위병이 돌아섰습니다. 여왕 옆의 신하가 근위병들을 잠시 보더니 말했습니다.

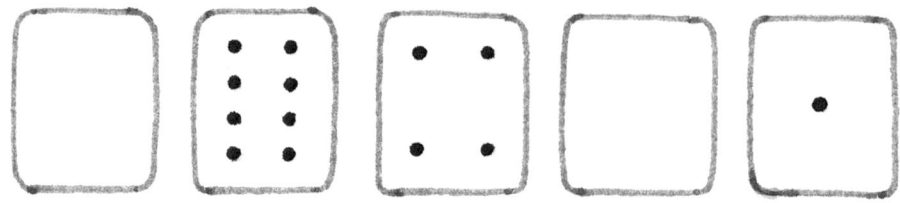

"01101명입니다."
"죄인들을 모두 데리고 오너라."

잠시 후, 군인들이 죄인들을 끌고 왔습니다. 죄인들을 세보니 모두 13명 있었습니다.

'01101명이 13명이라고?'

근위병들의 카드 옷을 살펴보니 점의 개수가 모두 13개였습니다.

"여기 수상한 놈이 있습니다!"

코페 뒤에서 군인 한 명이 외쳤습니다. 코페는 꼼짝없이 여왕에게로 끌려갔습니다. 퐁퐁이는 코페의 어깨에 꼭꼭 숨었습니다.

"이 수상한 녀석까지 포함하면 죄인이 모두 몇 명이지?"

그러자 이번에는 첫 번째 근위병과 다섯 번째 근위병이 돌아섰습니다. 여왕 옆의 신하가 근위병들을 잠시 보더니 말했습니다.

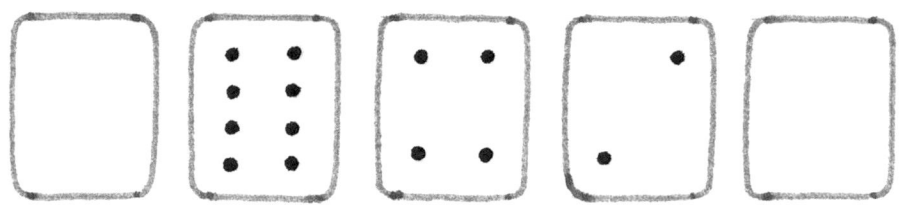

"01110명입니다."

코페가 5명의 근위병의 옷을 살펴보니 점의 개수는 모두 14개였습니다.

'아하, 근위병이 뒤를 돌아서서 점이 보이지 않으면 0이고 점이 보이면 1이구나. 각 위치의 점의 개수를 모두 합하면 그 숫자가 되는 거야.'

"죄인들은 들어라. 너희들은 이 나라의 법을 어겼으니 큰 벌을 받아 마땅하나, 내가 마지막 기회를 줄 것이다."

여왕 옆의 신하가 물고기가 가득 든 바구니를 가지고 왔습니다.

"만약 이 바구니 안에 있는 물고기의 개수를 0과 1로 말한다면 살려주겠다. 그렇지 않으면 평생 감옥에서 살아야 할 것이다."

여왕은 죄인들을 하나씩 살펴보다가, 코페를 가리키며 말하였습니다.

"처음 보는 녀석이니 이 문제를 맞히지 못하겠지? 하하하."

여왕은 큰소리로 비웃었어요.

"이 바구니에 들어 있는 물고기가 몇 마리냐?"

바구니에는 물고기 10마리가 들어 있었습니다.

'10이 되려면 8과 2의 카드가 필요하니까 두 번째와 네 번째 카드만 그대로 두고, 나머지 카드는 모두 뒤집어야 해.'

"01010마리입니다."

여왕은 깜짝 놀랐습니다.

'아니, 이 나라에 처음인데 어떻게 알았지?'

여왕은 억지를 부렸어요.

"흥, 너는 이 나라의 백성이 아니니 문제 하나를 더 맞추어야 한다."

"저는 지도 퍼즐의 조각을 찾고 있어요. 이번에도 제가 맞추면 그 조각을 주세요."

"음…. 좋다. 내가 저 바구니의 물고기 00011개를 먹었다. 남은 물고기는 모두 몇 마리냐?"

'이건 뺄셈까지 해야 하잖아?'

코페는 당황하였습니다. 이때 어깨에 숨어있던 퐁퐁이가 속삭였습니다.

"00011은 네 번째와 다섯 번째 카드의 점의 개수를 합해서 3을 말하는 거야. 그럼 물고기는 7개만 남게 되지."

'아하! 7은 4, 2, 1의 카드가 필요하니까.'

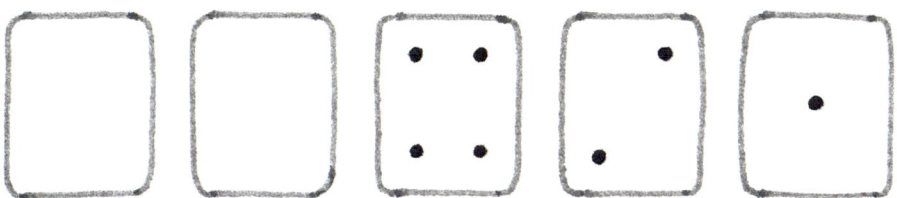

"00111마리입니다."

"으윽! 이럴수가."

여왕은 몹시 약이 오르고 화가 났지만, 모든 백성 앞에서 한 약속이라 어쩔 수 없이 지도 퍼즐 조각을 내주었습니다. 코페는 조심스럽게 여섯 번째 퍼즐 조각을 지도에 맞추어 넣었습니다.

"야호! 이번에도 성공이다."

코페와 퐁퐁이는 여왕으로부터 풀려나게 되었고 재빨리 그 나라를 탈출하였습니다.

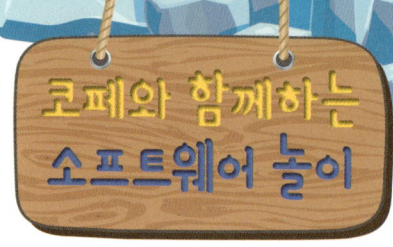

	학년	반	번	이름
학습 주제	이진수	학습 목표	컴퓨터가 숫자를 어떻게 표현하는지 알 수 있다.	

1 아래 카드에 적힌 점들은 어떤 규칙을 갖고 있는지 살펴봅시다.

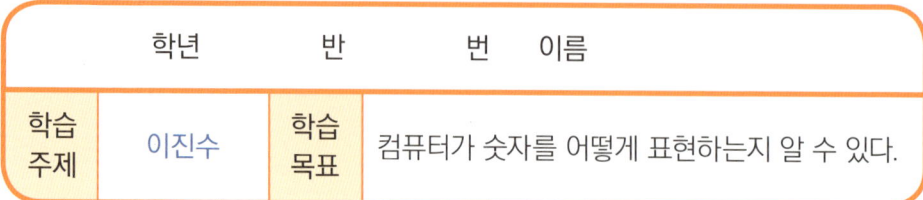

(1) '11'을 표현하려면 위의 카드를 어떻게 펼쳐야 할지 아래 빈 카드에 그려 봅시다.

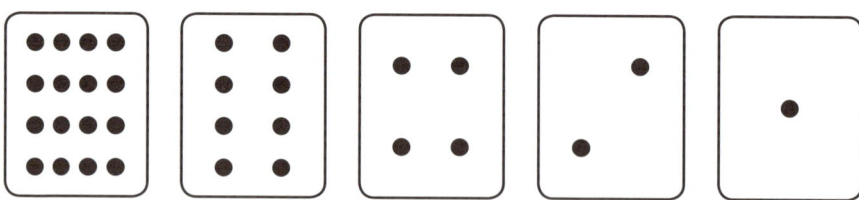

(2) 위 (1)번에 그린 카드에 점이 보이면 '1'로, 점이 보이지 않으면 '0'으로 표현해 봅시다.

❷ 내 생일을 '0'과 '1'을 이용하여 표현해 보고 친구의 생일을 서로 맞춰봅시다.

	월/일	0과 1로 표현한 생일	
내 생일	(　)월(　)일	☐☐☐☐☐ ☐☐☐☐☐	월 일
친구 생일	(　)월(　)일	☐☐☐☐☐ ☐☐☐☐☐	월 일

열려라, 황금 어장

코페와 풍풍이는 힘난한 여정 끝에 지도를 모두 모았어요. 지도들을 맞춰보니, 꼭 맞는 남극 모양이 되었지요. 코페와 풍풍이는 두근거렸어요.

"이제 우리는 이 지도를 다 모았으니, 황금 어장이 열릴 거야!"

그 순간이었어요. 지도에서 황금빛 오로라가 번쩍하더니 언덕 너머로 사라져버렸어요. 코페와 친구들은 설레는 마음으로 빛이 사라진 곳으로 가보았어요. 그곳에는 커다란 호수가 생겼고, 그 속에는 물고기들이 펄쩍거리고 있었어요. 바로 황금 어장이 열린 것이었어요!

코페와 풍풍이는 서둘러 마을로 돌아가 마을 사람들에게 이 사실을 알렸어요.

"정말 해내고 돌아왔구나, 장하구나! 우리 코페!!"

그날 밤은 마을 사람들이 다 같이 황금 어장을 발견하고 코페를 위한 파티를 열어주었어요. 그리고 파티에서 코페와 풍풍이 완전 인기스타였어요. 지난 여행에서 있었던 일들을 이야기해주고, 배운 것들을 다른 펭귄들에게도 알려주었어요.

우선, 코페는 장난꾸러기 아기 펭귄들에게 안전하게 남극을 횡단하는 법을 알려주었어요.

"이제 우리는 무엇이든 안전하게 할 수 있어. '만약' 얼음이 투명하면 건너고, '그렇지 않고' 얼음 속에 그림자가 비치면 건너지마! 알았지?"

그리고 퐁퐁이는 먹이를 나르는 펭귄들에게 좋은 팁도 알려주었고요.

"무거운 눈송이나 짐이 있으면, '분해'해서 나르면 좋아요! 창고에 물건을 쌓을 때도 그냥 쌓는 게 아니에요! 이름을 붙인 상자를 이용하면 훨씬 더 잘 정리가 되죠!"

이번에는 코페가 황제펭귄나라를 지키는 경찰들에게 자신의 싸움 비법을 전수해줬어요.

"바다표범이나 무서운 적을 공격할 때는 미리 공격 순서를 짜서 공격하면 백발백중이죠! 그리고, 범인을 잡을 때도 그의 특징이나 단서를 '추상화'해서 찾으면 더 쉽게 찾을 수 있어요!"

그 후로도 코페와 퐁퐁이는 자신들이 배운 지식을 이용해 마을의 문제들을 해결해주곤 했어요. 그리고 얼마 후 코페와 퐁퐁이는 자신들이 터득한 반복을 이용해 뗏목을 만들어 또다시 여행을 떠날 것을 계획했어요.

"이번에는 남극 대륙 밖으로 가볼까?"

코페와 함께하는 소프트웨어 놀이

모범답안

※ 다음 웹페이지 주소를 방문하면 소스코드를 볼 수 있으며 더 자세한 내용을 확인할 수 있습니다.

36쪽(분해)	https://bit.ly/2kxoaWP
42쪽(반복)	https://bit.ly/2kl3bqs
56쪽(조건)	https://bit.ly/2kuCsHK
62쪽(함수)	https://bit.ly/2lUBnt8
68쪽(알고리즘)	https://bit.ly/2kuo7Lz

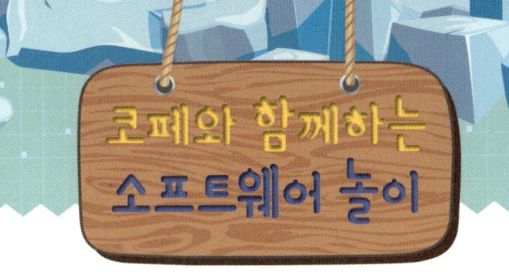

모범답안

20p

1. ㉠ ➡ ㉣ ➡ ㉡ ➡ ㉢ ➡ ㉢

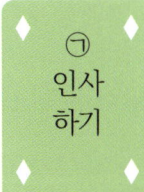 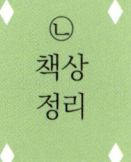 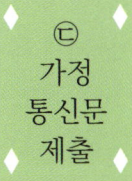 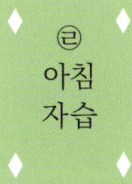 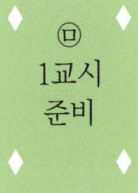

2. ㉠ 인사하기 / ㉡ 책상 정리 / ㉢ 가정통신문 제출 / ㉣ 아침자습 / ㉤ 1교시 준비

3. (1) 순서를 바꾸고 싶은 것: 가정통신문 제출과 책상 정리
   추가하고 싶은 것: 인사하기(선생님과 인사하기, 친구들과 인사하기)

   (2) 인사할 때 선생님과 하는 인사도 있고 친구들과 하는 인사도 있기 때문이다.

29p

1.

2.
레벨 1	• 규칙: 두 수를 곱하기 • 답: 72
레벨 2	• 규칙: 왼쪽 수를 두 번 곱하기 • 답: 25
레벨 3	• 규칙: 왼쪽 수를 오른쪽 수로 나눈 나머지 • 답: 1

36p　※ 소스코드 확인: https://bit.ly/2kxoaWP

- 음식을 찾는다: 낚시를 한다, 근처에 나무 열매를 찾아본다, 근처에 동물 친구들이 사는 곳이 없는지 살펴본다.
- 음식을 손에 넣는다: 낚싯대로 물고기를 낚는다, 나무 열매를 채집한다, 친구들에게 음식을 나눠달라고 말한다.
- 음식을 먹는다: 물고기를 구워 먹는다, 열매 껍질을 까서 먹는다, 숟가락과 포크를 이용해 먹는다.

모범답안

42p ※ 소스코드 확인: https://bit.ly/2kl3bqs

 ③

 3번

51p

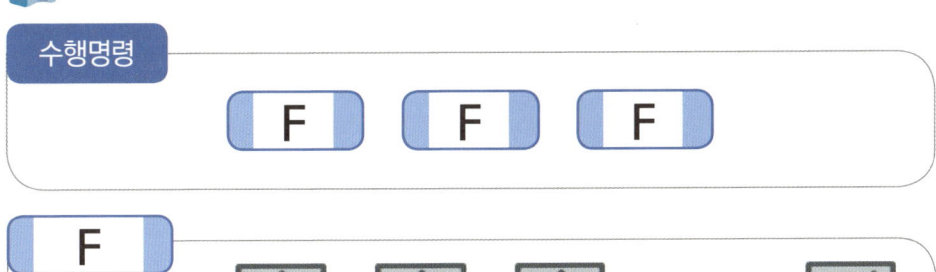

56p ※ 소스코드 확인: https://bit.ly/2kuCsHK

If(만약에)	물고기들이 보이면
지나간다.	
else if (그렇지 않고 만약에)	바다표범이 보이면
기다린다.	
else(그렇지 않고 아무것도 없으면)	
지나간다.	

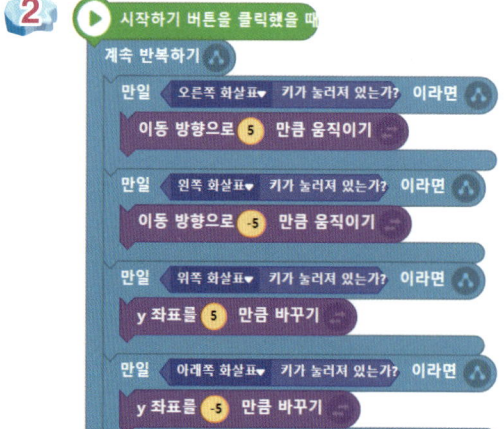

모범답안

62p ※ 소스코드 확인: https://bit.ly/2lUBnt8

 주먹 날리기, 빙빙 돌고 발차기

68p ※ 소스코드 확인: https://bit.ly/2kuo7Lz

1. 코페가 바다표범과 마주친 뒤 결투를 안 하기로 결정하면 어떤 행동을 할까요?	갈 길을 간다.
2. 결투를 하기로 했는데 바다표범이 먼저 공격을 하면 코페가 어떤 행동을 해야 할까요?	방어 자세를 취한다.
3. `코페가 공격` 한 뒤 바다표범이 쓰러졌으면 코페는 어떤 행동을 할까요?	갈 길을 간다.
4. `코페가 공격` 은 함수 이름입니다. `코페가 공격` 함수에 들어갈 공격 내용을 스스로 적어보세요.	발차기 2번 배치기 2번

73p

모범답안

2 답: 6

해설: 상자 안의 수는 처음 3에서 2를 더하여 5가 되고, 이를 1만큼 더 증가시켜 6이 된다.

78p

1

새우						
	아낙수나	곤지라	히랄루스	하메테	타루시야	우소느
순서	1번 새우	2번 새우	3번 새우	4번 새우	5번 새우	6번 새우

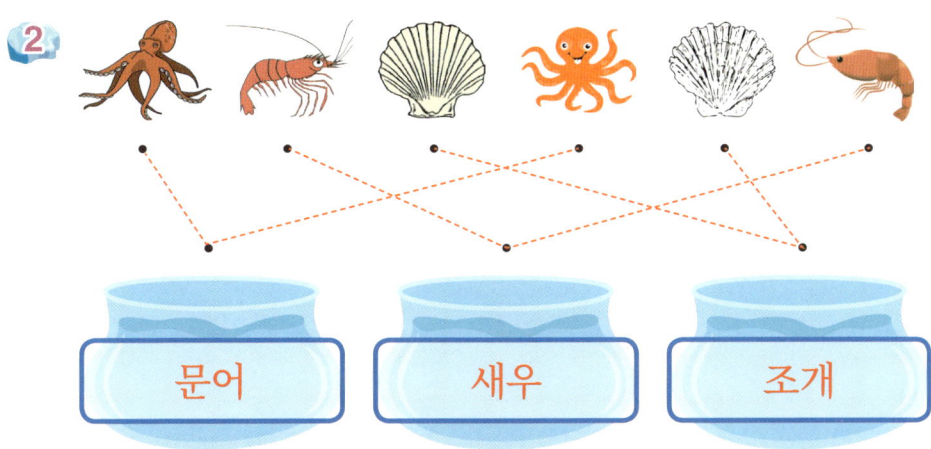

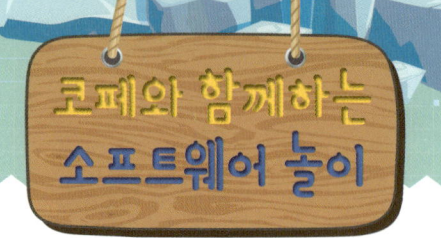

모범답안

86p

1 (1)
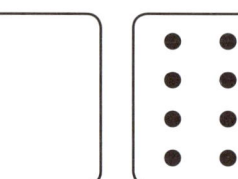   

(2) 0 1 0 1 1

2

월/일	0과 1로 표현한 생일	
내 생일	(6)월 (23)일	0 0 1 1 0 월 1 0 1 1 1 일
친구 생일	(10)월 (17)일	0 1 0 1 0 월 1 0 0 0 1 일

※ 위의 날짜는 예시로 든 날짜입니다.